CHRONOLOGIE

DES

SEIGNEURS DE VEZENOBRE

DE

1240 A 1789

PAR

ACHILLE BARDON,

RECEVEUR DE L'ENREGISTREMENT A NIMES,
CORRESPONDANT DU MINISTÈRE DE L'INSTRUCTION PUBLIQUE.

NIMES

IMPRIMERIE CLAVEL ET CHASTANIER

F. CHASTANIER, SUCCESSEUR

12 — rue Pradier — 12

1897

CHRONOLOGIE

DES

SEIGNEURS DE VEZENOBRE

DE

1240 A 1789

PAR

ACHILLE BARDON,

RECEVEUR DE L'ENREGISTREMENT A NIMES,
CORRESPONDANT DU MINISTÈRE DE L'INSTRUCTION PUBLIQUE.

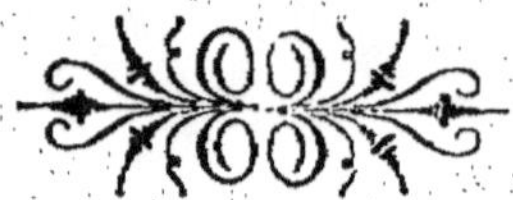

NIMES

IMPRIMERIE CLAVEL ET CHASTANIER

F. CHASTANIER, SUCCESSEUR

12 — rue Pradier — 12

1897

CHRONOLOGIE

DES

SEIGNEURS DE VEZENOBRE

DE 1240 A 1789

———

Louis François de Bausset informé de sa nomination à l'évêché d'Alais, en février 1784, pria le subdélégué de l'Intendant en résidence dans cette ville de lui envoyer un mémoire assez détaillé sur le diocèse qu'il allait venir habiter.

Au XVIIIe siècle les évêques de Languedoc étaient à la tête de l'administration politique et financière de la province sous le contrôle de l'Intendant et avec le concours des États ; Bausset le savait et tenait à être bien renseigné.

Le mémoire qu'il reçut existe encore ; son neuvième chapitre a pour titre : *De la noblesse et des principales terres et seigneuries du diocèse d'Alais* ; on y lit :

« Les Cévenols sont peut-être avec les Gascons ceux de
» tous les Français à qui la démangeaison de s'ennoblir
» se fait sentir avec le plus de vivacité, qui se persuadent
» le plus aisément qu'ils sont effectivement nobles et
» même gentilshommes et qui possèdent le mieux l'art de
» se donner des généalogies et des titres et de se créer
» des seigneuries et des fiefs. La moindre tourelle adap-
» tée à la plus chétive maisonnette, quelques créneaux pla-
» cés sur les murs de clôture qui l'entourent autorisent

» ici le possesseur à la transformer en gentilhommière;
» la plus petite censive devient entre ses mains une véri-
» table seigneurie; et la possession du moindre petit fief,
» quelques années, quelques mois même de service mili-
» taire, la ressemblance ou l'identité des noms, un peu
» d'aisance, et beaucoup d'oisiveté et d'inutilité sont des
» titres suffisants pour s'introduire de sa propre autorité
» dans l'ordre de la noblesse et pour parvenir bientôt jus-
» qu'à la chevalerie. Les nobles, les gentilshommes foi-
» sonnent donc dans le diocèse d'Alais. Il s'en faut pour-
» tant de beaucoup que la véritable, l'ancienne noblesse
» y soit bien commune; les familles à qui elle appartient
» réellement sont en petit nombre. »

Le tableau est ressemblant; il y avait certainement quelques vieilles familles nobles, mais pour ce peu d'or que de chrysocale! D'où vient que le peintre n'a pas démasqué nominativement quelques-uns de ces faux preux? C'est qu'il n'a pas osé choisir; il en connaissait certes de très près, dans sa ville natale, sous son toit; lui-même ressentait déjà les premières atteintes du prurit nobiliaire dont la Révolution ne parvint pas à le guérir.

Basville, dans ses Mémoires, avait constaté la rareté et la pauvreté des familles de vieille noblesse dans la province de Languedoc, et depuis 1698 la situation ne s'était pas améliorée; au contraire, les usurpations de titres devenaient plus aisées; les généalogistes professionnels n'avaient plus de scrupule; grâce à eux, à la veille de la Révolution, le marquis d'Aubais inscrivait parmi ses ancêtres Louis le Gros; le marquis de Montfrin revendiquait Louis VII pour 19e aïeul, et le comte d'Urre, plus modeste, se contentait de Philippe le Hardi pour 13e aïeul. Les descendants en ligne masculine et légitime des croisés pullulaient! Le ridicule de ces arbres généalogiques ressortait trop pour ne pas choquer la raison. Mais le fisc royal lui-même fermait les yeux par crainte d'une diminution des droits de sceau, et aucun noble n'osait dénoncer chez autrui une passion qu'avaient ressentie peu ou prou soit ses auteurs, soit lui-même.

Si les anciennes, les grandes familles féodales s'étaient

éteintes presque toutes, les seigneuries n'avaient pas disparu ; le correspondant de Bausset continue donc en ces termes :

« La terre la plus distinguée du diocèse est le comté » d'Alais (1). Près de deux cents fiefs ou seigneuries en » relèvent.

« *Noms et titres de ces terres :*

» 1° *La baronnie d'Alais* possédée par MM. de Bérard-Montalet et d'Oms ;

» 2° *La baronnie de Vezenobre* possédée par M. le marquis de Calvière ;

» 3°, 4°, 5°, etc. »

Nous avons établi dans nos publications antérieures les mutations successives de la comté et de la baronnie d'Alais depuis le règne de saint Louis jusqu'à la Révolution ; nous voudrions aujourd'hui procéder au même travail et donner la liste exacte des possesseurs de la baronnie de Vezenobre pendant la même période.

I

A quel titre, à quelle époque la royauté capétienne était-elle devenue propriétaire directe de la seigneurie de Vezenobre ?

Le seigneur de Vezenobre fut probablement un de ces chevaliers qui embrassèrent le parti de Pierre Bermond, le parti de la maison d'Anduze, et furent dépouillés par le vainqueur de leurs possessions.

Une fois maîtres de Vezenobre, les rois de France jugèrent inutile d'en faire le chef-lieu d'une viguerie ; les viguiers d'Alais furent chargés de son administration et ils y commirent des bayles. Les noms de quelques-uns de ces fonctionnaires subalternes nous sont connus grâce à

(1) Le comte d'Alais, en 1784, est Charles-Eugène-Gabriel de la Croix, qui a acheté, le 17 mars 1777, la comté d'Alais de Louis-François-Joseph de Bourbon prince de Conti.

l'enquête que fit faire le roi en novembre 1247 sur leurs
excès (1).

L'un d'eux appelé Richard voyait partout des délits
forestiers ; un autre appelé Etienne de Monteils fut accusé
d'avoir autorisé sans raison la saisie par ses sous-agents
(nuncii) d'un coussin de plume du lit de la femme de B.
de Mauressargues (2).

Les habitants de Vezenobre n'osaient se plaindre, car
lorsque le viguier d'Alais venait les visiter, c'était pire.

Un nommé Sabatier, de Vezenobre, raconta aux enquêteurs qu'il avait été mis sept ou huit fois à l'amende par
Thierry, châtelain-viguier d'Alais. Une fois on lui imputa
d'avoir empiété sur la voie publique ; une autre fois d'avoir
arraché des jeunes souches dans la vigne de son voisin ;
la troisième fois il fut déclaré coupable de délit de chasse,
tendidit lapides ad capiendum cirogrillos. Toutes ces
accusations n'étaient que des prétextes pour lui réclamer
de l'argent. L'amende de chasse ne fut que de huit sous ;
mais il en paya vingt-cinq lorsqu'il voulut protester contre
le rôle du Domaine où il figurait comme tenant certaines
propriétés à cens, ce qui était inexact. Le châtelain vint
un matin lui emprunter vingt sous ; sur son refus, amende
de huit sous. Un jour son oncle d'Alais, voulant lui céder
un immeuble, le mena chez son notaire ; procès-verbal et
amende de quarante sous pour avoir fait recevoir par un
notaire d'Alais un acte concernant un immeuble sis à
Vezenobre. Et la fois que les *nuncii* affirmèrent avoir vu
son troupeau dans la propriété de la tante de Guillaume
Marte, il fallut payer dix sous.

La déposition de Raimond de l'Olme ne manque pas
aussi de piquant.

Alric, châtelain d'Alais, vint à Vezenobre avec son frère

<hr>

(1) Archives nationales, J, 320. Une partie de l'enquête de 1247 a
été publiée dans l'*Histoire de Languedoc*, édition Privat, t. VII,
p. 155 et s..

(2) Gaujac ou Mauressargues, quartier de la commune de Vezenobre.

Guillaume et la femme de celui-ci. Le soir les deux hommes se retirèrent en priant R. de l'Olme de veiller à la sûreté de Mme Guillaume. Mais des gens de Rousson qui voulaient faire un mauvais parti à Alric arrivèrent en bande pendant la nuit, escaladèrent le mur du château, garrottèrent Raimond et l'empêchèrent de crier au secours pendant qu'ils pillaient la maison. « *Si tu cries*, lui disaient-ils, le glaive en main, *tu es mort.* » Le pauvre homme, les bras liés derrière le dos, terrifié par la vue des épées, ne bougea pas; il fut le lendemain conduit, par ordre d'Alric, à la prison de Calvisson et si après dix-sept semaines de lamentations on le remit en liberté, ce fut contre espèces sonnantes ! Pendant sa longue détention, sa femme alla de porte en porte mendier la nourriture du patient, *sibi necessaria ministravit.* Alric avait exigé pour rançon huit setiers de blé, un setier de fèves, un porc, d'une valeur en tout de vingt sous de ce temps, plus quatres livres raym. et quatre sous !

L'aventure de Guillaume Favan mérite aussi d'être narrée ; il avait vendu un morceau de viande, à crédit, mais sur gage. L'acheteur vint subrepticement chez Favan reprendre son gage. Favan porta plainte. Alric, avant d'examiner l'affaire, exigea de lui une caution personnelle, et le voyant prêt, dans une certaine mesure, à accéder à ses désirs, il le fit mettre en prison où on le garda jusqu'à ce qu'il eut versé soixante sous viennois ! C'était si exorbitant que les enquêteurs paraissaient incrédules. « Vous pouvez, leur dit le plaignant, faire appeler le greffier d'alors, Firmin de Vezenobre, et Pierre Barthélemy, etc., etc., etc., *qui tunc erant in curia supradicta*, ils vous diront si je mens. » (1)

(1) Guillelmus de Belvais ejecerat de domo ipsius Guillelmi, ipso nesciente et ignorante, quoddam pignus quod ei tradiderat pro quadam pecie carnis quam eidem Guillelmo de B. vendiderat; ipse bajulus, opponendo contra ipsum G. Favani dixit ei quod volebat habere firmantiam de ipso, dicens ei minando quod non exiret de castro Vicenobri ubi erat donec daret ei firmantias. Et dum ipse G. F. dicebat ei quod iret quærere firmantias... ipse bajulus comi-

Il n'en manquait pas de témoins, aux portes de la salle, attendant leur tour de déposer : Etienne Maruéjols, Pons Maruéjols, Bernard Rainald et tant d'autres, juifs ou chrétiens, clercs ou laïcs, roturiers ou nobles.

Rainald raconte des choses incroyables ; il avait emporté de chez sa mère trois cuillères en bois ; le châtelain Josse considéra cela comme un vol. Ce Rainald, dans un moment d'exaspération, osa traiter le *correrius* d'un châtelain de voleur ; le châtelain, sans examiner si l'épithète était méritée, le poursuivit pour outrage à un agent de la force armée dans l'exercice de ses fonctions et lui infligea une amende. Il n'avait pas de chance ; ayant loué son âne à des étrangers qui l'avaient payé en monnaie royale, il alla changer ces pièces contre des monnaies seigneuriales dont il connaissait mieux la valeur intrinsèque ; il se vit poursuivi par le châtelain pour attentat à l'ordre public. Lui, simple paysan de Vezenobre, oser apporter des entraves à la circulation de la monnaie du roi !

Un juif de l'évêque de Nimes venait de temps en temps à Vezenobre faire du commerce ; ainsi une fois il avait acheté quatre setiers de grains, les avait revendus immédiatement et était vite reparti pour rentrer chez lui de meilleure heure. Le leudier le dénonça au châtelain comme n'ayant pas soldé les droits de leude ; le châtelain ordonna la saisie-arrêt de tout ce qui pouvait être dû au juif par les gens du pays. L'official blâma hautement un tel procédé ; Salamias avait assez de crédit dans la région pour qu'on pût surseoir provisoirement et sans risque à des voies de rigueur. Le châtelain fit la sourde oreille ; cela coûta net à Salamias, y compris les frais de procédure, 15 livres, dont il demanda la restitution aux enquêteurs. Très probablement ils y firent droit : la Royauté avait trop d'intérêt à ce que la réclamation de ce juif fût étouffée. A qui en effet appartenait la leude ? Le roi

nando... dixit ei quod non exiret de castro ubi erat donec componeret et adobaret se cum eo. Et retinendo ipsum captum, nulla alia causa subsistente, compulit ipsum per vim et terrores dare 60 s. v.

l'avait-il acquise comme partie du domaine des anciens
seigneurs dépossédés brutalement ? N'était-elle pas un des
revenus du prieuré de l'église de Vezenobre ? Le prieur
se rappelle l'époque où l'on empiéta sur ses droits ; c'était
au début de la conquête royale, du temps du sénéchal
Pèlerin ; feu R. Vincent a été le premier bayle qui a volé
le bien de son église, et ses successeurs ont été tous des
prévaricateurs.

Nous nous restreindrons à ces détails, mais remarquons
en finissant que si les manants et le clergé sont irrités, la
noblesse a été encore plus éprouvée et oppressée.

Il y avait cinq ou six chevaliers à Vezenobre ; pendant
le sénéchalat d'Ernencourt (1), Josse, châtelain d'Alais et
de Vezenobre, s'appropria l'armure de l'un d'eux, Pons
de Vezenobre. Mis ainsi dans l'impossibilité matérielle
d'accomplir son service féodal, Pons pouvait encore ne
pas se considérer comme dégradé, comme dépouillé des
privilèges inhérents au titre de chevalier. Mais Josse et
ses successeurs eurent l'audace de l'inscrire sur le rôle de
la taille, *ut minores* ; car il fallait mater *per fas et nefas*
tous ces *majores*, soupçonnés de regretter l'ancien ré-
gime ; Pons ainsi que ses deux fils sont considérés par les
nouvelles autorités comme les chefs du parti de la protes-
tation ; on ne se gêne jamais avec ces ci-devant. Pons
avait réclamé de l'argent à son beau-frère de Lunel ; celui-
ci s'empressa de lui écrire qu'il tenait la somme à sa disposition ; par ordre du sénéchal Pierre le Fèvre dit d'Athis,
Raimond Gaucelin de Lunel s'empara de l'argent. Pons
éleva la voix ; le sénéchal ne restitua que les 6/7 de la
somme !

Les enfants de Pons attendaient l'heure de la revanche ; hélas, elle ne devait pas sonner de longtemps.

Après saint Louis vint son fils, puis Philippe le Bel. Ce
roi, voulant acquérir la seigneurie de Lunel à cause de
son voisinage d'Aiguesmortes, proposa en 1295 à Raymond Gaucelin et à Giraud d'Amic un échange ; ils accep-

(1) Ou Nonnecourt, ou Honnecort ou Ernencort.

lèrent en principe et, en 1305, les châteaux de Vezenobre,
de Deaux, de Méjanes, etc., etc., furent assignés à Raimond Gaucelin pour le prix de sa renonciation à ses droits
sur Lunel.

R. Gaucelin ne garda pas longtemps les biens qu'il avait
reçus du roi ; il en vendit une grande partie au cardinal
de Tusculum, et à d'autres ; dès 1307 c'est Guillaume de
Plassan (1) qui est baron de Vezenobre.

Cette seigneurie comprenait 340 feux ; on estimait à 3
sous par an ce que rapportait chaque feu au seigneur jus-
ticier ; il y avait ensuite le produit de la leude, 4 livres par
an, les droits de lods au 10 %, environ 40 sous par an, et
le polvérage (2) environ 50 sous par an. R. Gaucelin avait
donc à Vezenobre un revenu de 60 livres.

Contrairement à ce qu'on lit partout, la prospérité de
notre pays sous le règne de Philippe le Bel est incontesta-
ble ; ainsi Vezenobre qui n'a, en 1295, que 340 feux, en a
360 en 1321 ; la leude a augmenté de 50 % : 6 livres au lieu
de 4 livres. Nous avons constaté le même fait économique
à Alais.

Guillaume de Plassan avait aidé à ce résultat. En juin
1311 il demandait la permission d'établir à Vezenobre un
marché hebdomadaire. Le roi, dont il soutenait pourtant
la politique avec une grande habileté, lui répondit que les
autorisations de cette espèce n'étaient accordées qu'après
enquête où l'on entendait les députés des villes environ-
nantes déjà en possession d'un marché ; l'enquête dut être
favorable, car dès lors Vezenobre eut son marché, chaque
lundi, comme Alais. Notre seigneur échoua au contraire
lorsqu'il sollicita du roi que la foire de la Saint-André (30
novembre) fût franche pendant trois jours. Le conseil
royal se basa pour rejeter sa demande sur le préjudice
que pareille mesure porterait à la foire d'Anduze ; Guillaume de Plassan ne devait pas ignorer la cession faite en

(1) Dans l'inventaire de 1677 on l'appelle Plassian ou Plazian.
(2) Droit acquitté pour les troupeaux qui traversaient la commune
et paissaient par conséquent dans les bois et les prairies du com-
mun et du seigneur.

1307 à l'évêque du Puy de la moitié de la seigneurie d'Anduze ; était-il opportun de susciter de la part de ce prélat, déjà si critiqué par son entourage pour l'échange intervenu entre lui et le roi, une réclamation fondée sur la diminution du revenu de la seigneurie d'Anduze par des mesures royales postérieures à son traité ? On verrait plus tard si l'on pouvait être agréable à un serviteur aussi dévoué que le baron de Vézenobre ; pour le quart d'heure il fallait avant tout éviter une action en rescision de la vente de la seigneurie du Puy pour cause de vileté du prix.

Guillaume de Plassan, époux Sibile, mourut bientôt après (novembre 1313). Il laissait trois filles :

Catherine, femme de Guillaume de Lodève ;

Blanche, femme de Bérenger d'Uzès ;

Et Matheline, encore mineure dont on confia la tutelle à Aymeric de Naves.

Blanche avait-elle reçu en dot le château de Vézenobre, ou en fut-elle lotie par un partage de la succession paternelle ? Peu importe, c'est son mari qui, pendant près de 40 ans, paraît avoir été l'unique seigneur de Vézenobre. Ainsi, lorsque conformément à l'ordonnance de Philippe le Long du 29 juillet 1319 sur les aliénations faites par ses prédécesseurs du domaine royal, on procéda, en mai 1321, à l'expertise de la seigneurie de Vézenobre, Bérenger d'Uzès se présenta afin d'établir la sincérité des titres de propriété de sa femme ; obligé de s'absenter, il confia la défense de ses intérêts au damoiseau Jean Raimond, et à Guillaume Talaboy, lieutenant de son châtelain.

Pierre Scatisse, trésorier royal de Nîmes, se trouvant à Loupian, le 5 juillet 1350, écrit au prieur de Saint-Martin-des-Champs une lettre dont le 22 août 1350 le consulat Alaisien donna lecture à Vézenobre, devant le lieutenant de viguier de Bérenger d'Uzès, seigneur de Vézenobre.

Bérenger n'est plus seigneur de Vézenobre en 1364. C'est Guillaume d'Uzès, son fils sans doute, qui lui a succédé ; il surveille les mouvements de ces bandes qui rôdent dans toute la région ; il envoie, le 28 décembre, son domestique avertir les Nîmois de prendre leurs précautions ;

car une troupe de gens d'armes, disant se diriger vers Alais, a tenté de prendre Moussac, puis, remontant le Gardon, ils sont allés incendier Ners, mais ne reviendront-ils pas et ne gagneront-ils pas la route de Nimes par la Calmette et Saint-Geniès-de-Malgoirès? *Quia unum dicunt et aliud faciunt.*

Le 20 janvier 1365 nouvelle lettre de ce chevalier aux consuls de Nimes; les routiers sont signalés du côté de Ganges, de Sauve, cotoyant le Vidourle; ils pourraient bien descendre jusqu'à Sommières, et une fois à Sommières, gare à Nimes.

Guillaume d'Uzès avait épousé Marguerite des Baux qui lui survécut et fut sa légataire au moins en usufruit; un dénombrement de 1396 montre qu'elle conserva l'usufruit de la seigneurie de Vezenobre même après son second mariage avec Hugues de Saluces.

Depuis 1394 Antoinette de Turenne, mariée à Jean le Meingre dit Boucicaut, possédait la comté d'Alais; ce dernier, le 8 juillet 1406, adressa une requête au sénéchal de Beaucaire pour forcer les habitants de Vezenobre à rendre hommage à sa femme.

Etait-ce seulement un hommage qu'il réclamait? J'en doute; et sur quels titres s'appuyait-il pour avoir le domaine direct de cette terre?

Un inventaire des archives du château de Vezenobre dit qu'une Blanche d'Uzès fit hommage au roi, le 8 décembre 1408, de la baronnie de Vezenobre et de la juridiction de Navacelle. Mais cet inventaire est plein d'erreurs de dates et nous n'avons pas retrouvé le document.

On sait qu'Antoinette de Turenne, femme de Boucicaut, mourut sans enfants en 1416, loin de son mari fait prisonnier à Azincourt et conduit en Angleterre où il décéda quelques années après.

II

Nous n'avons pu retrouver les noms des seigneurs de Vezenobre pendant la première moitié du XVe siècle.

Dès 1447 apparaît Guillaume I de Montfaucon.

Celui-ci eut plusieurs enfants :

Guillaume II ; Claude ; Olivier, etc., etc.

Guillaume II se vit obligé de céder à son frère Claude la seigneurie de Vezenobre, *pro legitima bonorum paternorum* (1).

L'acte de prise de possession par Claude de la seigneurie est conservé aux archives départementales du Gard.

Le 25 mai 1485, il y a foule à la place ; sous l'arceau, où se tiennent ordinairement les audiences de la cour seigneuriale, Jean de Nids *(Nidis)*, viguier de la baronnie de Vezenobre, assis sur un banc de pierre, invite la foule à faire silence ; on va lire l'acte de cession par Guillaume de Montfaucon, chevalier, seigneur de Montfaucon, à son frère Claude de Montfaucon, chevalier, seigneur d'Anglars et bailli de Montferrand, des seigneuries de Vezenobre, Deaux, Martignargues, Saint-Etienne-de-l'Olm, Brouzet, Navacelles, Salindres, Les Plans et Saint-Privat-des-Vieux. En l'absence du cédant, son fils, noble et puissant Gabriel de Montfaucon, chevalier, a charge de recevoir le serment de fidélité dû à son oncle, magnifique et puissant seigneur Claude de Montfaucon ; chacun des assistants prête serment en levant la main droite vers le ciel. Une expédition de l'acte de cession d'Antoine de Platea, notaire à Aurillac, est déposée au greffe.

Le nouveau seigneur doit avoir découvert quelque trésor ; car il achète à la même époque une partie de la baronnie d'Alais ; il annexe à ses vastes domaines divers châteaux. Son trésor, c'est sa femme ; il a épousé, en 1469, Anne d'Ussel, fille de Georges d'Ussel, seigneur d'Anglars, richissime ; il est de plus capitaine de cent lances de gentilshommes de l'hôtel du roi. Louis XI, avant de mourir, l'envoie à son fils pour lui faire quelques recommandations, celle par exemple de se servir de François de Génas ; en 1488, Claude de Montfaucon sera sénéchal de Carcassonne et chambellan de Charles VIII.

(1) Arch. dép. du Gard, E, 537, acte du 17 décembre 1486.

Tout lui réussit; il a un fils, Pierre, qui doit perpétuer son nom, on l'espère, et cinq filles : Françoise, Jeanne, Anne, Louise et Antoinette; il fiance l'aînée, le 6 février 1490, avec Antoine de Lestranges, écuyer, baron de Lestranges, coseigneur de Saint-Amans en Limousin et du mandement de Bologne en Vivarais; le chiffre de la dot est arrêté : 4.500 livres en numéraire et 500 livres en nippes ou dorures.

Un mois après, Claude n'est plus de ce monde; son titre de baron de Vezenobre a passé à son fils Pierre qui n'a pas encore vingt ans. Le mariage de Françoise de Montfaucon aura lieu quand même, mais sans bruit.

Le 19 avril 1490, Bernard Hodilon, notaire de Vezenobre, époux de noble Marguerite Salvaire d'Alais, est au château en train de lire le contrat des futurs époux :

» Au commencement du monde, Dieu créa l'homme et
» trouvant mauvais que l'homme fut seul, « faisons lui
» une compagne », dit-il; il lui enleva donc une côte et il
» bénit ensuite les deux créatures en ces termes : « Crois-
» sez, multipliez, remplissez la terre; l'homme abandon-
» nera son père et sa mère, s'attachera à sa femme et ils
» seront deux dans une même chair. » L'Evangile nous
» dit : « Hommes, aimez vos femmes comme le Christ a
» aimé l'Eglise. » Ces textes prouvent nettement que le
» mariage est d'institution divine. »

Cessant de planer dans ces hauteurs, notre tabellion résume ensuite les conditions pécuniaires, les clauses relatives aux biens des futurs époux. Anne d'Ussel vient de compter à son gendre 956 écus sol, 318 écus couronne, 254 ducats, 16 écus anciens, 11 florins allemands, 1 aiglon d'or, 1 mouton d'or, 15 lyonnaises, le tout évalué à 3000 livres; les 1500 livres restant dues seront versées par elle à première réquisition et au plus tard dans douze mois. Son gendre ne risque rien; si la dot n'est pas intégralement payée aujourd'hui, c'est que sa belle-mère a voulu acquitter avant tout les legs pieux faits par son mari. Ces legs sont nombreux, importants; ainsi le chapitre collégial d'Alais a 400 florins (300 l.) à retirer; le testateur leur a imposé certaines charges; les chanoines chanteront les lundi et samedi, à perpétuité, la messe dite *du Saint-Esprit* ; les autres jours de la semaine, sauf le dimanche, ils diront une messe de *Requiem*. Olivier de Montfaucon, ancien prieur de Saint-Nicolas-de-Campagnac, abbé de Saint-Pierre-de-Joncels, frère du *de cujus*, a déjà remis de la part de sa belle-sœur, au secrétaire du chapitre, les 400 florins. Enfin Anne d'Ussel attend incessamment de l'argent ; elle vient d'envoyer à la Cour noble Bertrand de Saint-Victor, du diocèse de Limoges, retirer le prorata du traitement de son mari, les arrérages de ses pensions sur le Trésor du roi.

L'abbé de Joncels donne la bénédiction nuptiale à sa nièce et à son neveu, en présence d'André Radier, curé d'Alais, du prieur de Saint-Etienne-de-l'Olm, et de quelques intimes.

Les jeunes époux vont faire leur voyage de noce. Anne d'Ussel reste à Vezenobre où elle a tant d'affaires à régler.

Le 23 avril, elle afferme à noble Jean Polverel aîné divers droits qu'elle a à Alais et à Saint-Christol ; le 12 août, elle loue pour cinq ans, à un individu de Villeneuve-de-Berg, ses droits sur Vezenobre et Gaujac. (1)

Elle fait estimer les cabaux vifs : 3 mules, 105 l. ; un bœuf, 10 l. ; 27 moutons, 21 l. 15 s. ; etc., etc.. Les cabaux morts sont simplement décrits.

Elle arrête les comptes du viguier. Elle termine par une transaction le procès qu'avait engagé son mari avec Jeanne de Béziers, femme de noble Guillaume de Johannas, à l'occasion du moulin de la Rosse sur le Gardon. (2)

Quant à l'autre procès plus sérieux qu'avait intenté le défunt au comte d'Alais, Charles de Beaufort, sur la forme de l'hommage dû par le seigneur de Vezenobre, co-baron d'Alais, elle s'empresse d'envoyer à la Motte de Canilhac noble Antoine de Vilate, pour voir jusqu'où vont les prétentions du comte.

(1) Nous avions lu d'abord *Calviac*, mais n'est-ce pas Gaujac ou Mauressargues ?

(2) Ne pas confondre ce moulin avec celui dont il est parlé dans le *Dictionnaire topographique* de Germer-Durand.

Enfin sa plus grande préoccupation c'est l'avenir de ses enfants. Pierre de Montfaucon est émancipé ; on lui donne pour curateurs Jean Pierre, baron de Ganges et de Pierrefort, et Bertrand Pierre, seigneur de Villefranche et de Sainte-Eulalie. Ceux-ci, pour permettre à leur pupille de doter ses sœurs à mesure qu'elles seront nubiles, approuvent l'aliénation de certains immeubles. Pierre de Montfaucon vend, en 1500, une maison à Alais, rue Peyrolerie, 30 l.; une autre maison à Alais, Grand'Rue, 54 l.; en 1505, il aliène le mas de Peyre ; en 1506, le château de Breyssac, en 1509, celui de Calviac.

Ses sœurs sont enfin toutes mariées, et bien mariées.

Jeanne a épousé, le 15 février 1499, Louis de la Croix, baron de Castries, fils de Guillaume de la Croix et de Françoise de Cesilly ; Anne, le 11 avril 1502, François de Rollat, sieur de Boucheron ; Louise, le 26 avril 1503, Jean de Valabrix, sieur de Faugière ; Antoinette, la même année, le sieur de Chanairac.

Anne d'Ussel aura, s'il plait à Dieu, de nombreux petits-enfants, mais il faudrait surtout pour perpétuer le nom de Montfaucon que Pierre se mariât ; malheureusement, comme les gentilshommes d'alors, La Trémoille, Bayard, Pierre ne rêve que gloire, combats, aventures ; hélas, il ne trouvera que la mort sur le champ de bataille de Novare (octobre 1513).

En vertu de la substitution contenue dans le testamen de son père, Françoise, la fille aînée, devenait seigneuresse de Vezenobre. Le samedi 13 novembre 1513 elle prit possession de la baronnie par l'intermédiaire de noble et puissant Louis de l'Estrange, seigneur de Granzon. Elle était veuve avec deux enfants, Louis et Alix ; sa sœur Jeanne, veuve aussi, parlait de se remarier avec François de Saint-Aignan, seigneur de la Gastine. Françoise voulut avoir quelqu'un pour gérer toutes ses propriétés, et le 4 mai 1514 elle convolait en secondes noces avec Pons de Joannas. Cet hymen mécontenta la famille de son premier mari. Pons de Joannas était rapace ; il avait exigé par contrat de mariage que sa fiancée fit abandon aux enfants qu'ils auraient de tout son avoir, et dès que leur fillette Jeanne de Joannas eût treize ans, il la maria avec Jean de Labaume (6 juin 1528) en lui donnant pour dot la seigneurie de Vezenobre.

La Providence déjoue souvent nos projets. Jean de Labaume dut mourir vers 1533 (1) ; il laissait une fille Françoise de Labaume ; mais en testant, sur son lit de mort le 7 septembre 1551, sa veuve légua la seigneurie de Vezenobre non pas à cette enfant, mais à sa propre mère Françoise de Montfaucon. Ainsi se trouvait réparée la faute commise en 1514.

Françoise de Montfaucon s'était rapprochée de la famille de son premier mari ; son fils Louis de l'Estrange s'était marié en août 1527 avec Marie de Langeac ; leur union avait été bénie par le ciel, et dès le mois de janvier 1531, la grand'mère déclarait, devant Me Senglar, notaire à Aubenas, vouloir que tous les biens lui provenant soit de Claude de Montfaucon, soit d'Anne d'Ussel, ses père et mère, fissent retour à Louis de l'Estrange. Nous comprenant maintenant pourquoi dans les actes de 1532, de 1533 et années suivantes, Louis de l'Estrange, baron de l'Estrange et de la Bastide au diocèse de Limoges et de Bologne en Vivarais prend aussi le titre de baron de Vezenobre.

Mais Françoise de Montfaucon était si faible, si versatile ; à mesure que Françoise de Labaume grandit, elle n'a d'yeux que pour cette petite-fille, et en la mariant avec Antoine du Fay sieur de Pérant, ne voilà-t-il pas qu'elle lui donne la baronnie de Vezenobre !

Les l'Estrange n'étaient pas gens à supporter les radotages d'une vieille femme (2).

Le testament de Claude de Montfaucon portait :

« *Si Pierre meurt, mes biens reviendront à Françoise ; si celle-ci vient à décéder sans postérité masculine, ils iront à Jeanne de Montfaucon, ma fille cadette.* »

(1) Son testament est du 17 juillet 1533.

(2) Vieille ; on dit qu'elle testa le 12 octobre 1594 chez André de Fague, notaire de Vezenobre ; mais c'est impossible, elle eût eu *120* ans !

— 18 —

Françoise de Montfaucon ayant eu un fils n'avait pas qualité pour disposer de ces biens tant que ce fils vivait.

Louis de l'Estrange, baron de l'Estrange, vicomte de Chailane n'eût-il pas eu de fils que les enfants de Jeanne de Montfaucon eussent légalement évincé les descendants de Jeanne de Joannas. Françoise de Montfaucon n'a que l'usufruit viager du château de Vezenobre.

C'est ce que ne cessent de lui dire son fils, son petit-fils, François de l'Estrange, évêque d'Alet, ex-prévôt de la cathédrale de Nimes, son autre petit-fils Claude qui, en 1558, vient d'épouser Catherine de Chabanne, sa petite-fille Suzanne, veuve d'Antoine de Vogué, écuyer, seigneur de Rochecolombe, et remariée, le 28 avril 1558, avec Jean de Montcalm, docteur en droit, juge-mage et lieutenant général de la sénéchaussée de Nimes. (1)

Louis de l'Estrange, par le mariage de sa fille Catherine, est devenu l'allié de Catherine de Médicis ; lui-même est gouverneur royal ès-villes et diocèses de Nimes et d'Uzès. A sa mort (novembre 1562), ses héritiers somment Antoine du Fay, seigneur de Péraut et de Joannas, de ne plus porter le titre de baron de Vezenobre et, sur son refus, ils l'assignent devant le parlement de Toulouse.

Un arrêt du 28 août 1563 condamne Antoine du Fay et sa femme à restituer la baronnie.

Un arrêt provisoire du grand conseil du 23 septembre 1564 et un autre arrêt du 12 juillet 1565 cassent l'arrêt du parlement de Toulouse.

Claude de l'Estrange, Antoine du Fay meurent, mais leurs veuves continuent à plaider avec acharnement ; chacune tâche en mariant ses enfants de leur créer de puissants protecteurs. Catherine de Chabanne donne sa fille Marie à René d'Hautefort (1579) ; Françoise de Labaume a marié, en 1575, son fils, Jean du Fay, avec Marie de Montmorency, fille naturelle d'Henri, duc de Damville. (2)

Arrêt du grand conseil du 19 janvier 1574, autre arrêt

(1) Jean de Montcalm, seigneur de Tresques.
(2) Françoise de Labaume testa le 12 novembre 1586.

de 1579 renvoyant les parties devant la Chambre de l'Édit à l'Isle ; lorsque la Chambre de l'Édit fut transférée à Castres (1595), le procès était encore pendant.

Les Fay ont pour eux le connétable qui les connaît tous ; c'est lui qui a négocié leurs mariages. Jean du Fay est son gendre ; Marie du Fay, sœur de Jean, a épousé son compagnon d'armes Fulcrand de Roquefeuil, écuyer, baron de la Roquette, et à ces deux mariages où il a assisté, feu Antoine du Fay a pris le titre de baron de Vezenobre.

Les Fay ont servi le parti monarchique avec zèle depuis plus d'un siècle. Hector du Fay, seigneur de Péraut, était lieutenant du sénéchal de Nimes et de Beaucaire en 1486. Jean du Fay, seigneur de Péraut et Joannas, chevalier, viguier de Beaucaire par lettre du 5 mai 1587, a été nommé sénéchal de Nimes par Henri IV, le 19 avril 1590.

Henri IV, sollicité par Montmorency, invite donc les juges à vider le plus tôt possible ce procès entre les l'Estrange et les Fay qui dure depuis un demi-siècle.

Le 1 novembre 1602, arrêt qui ne contenta personne. Dix-huit mois s'écoulèrent ; enfin on transigea (1er juin 1604).

La famille de l'Estrange-d'Hautefort renonçait à la baronnie de Vezenobre, moyennant 18900 l. à payer à Marie de l'Estrange.

III

Les habitants sont satisfaits de la solution intervenue ; Péraut a leurs sympathies ; il a soutenu au milieu d'eux la politique de Montmorency, je veux dire celle d'Henri IV qui place les intérêts de la France au-dessus des intolérances religieuses. Le représentant local du baron connaît les hommes et les affaires ; il y a plus d'un siècle que sa famille occupe l'emploi de viguier (1).

(1) Viguiers de Vezenobre : 1532, Arnaud Faucon ; 1564, Jacques Faucon ; 1604, Abel Faucon ; 1627, Pierre Faucon, neveu d'Abel.

Henri IV est assassiné ; le connétable meurt. Quelles pertes ! Adieu les idées d'apaisement ! La régente penche vers une politique papiste et espagnole ; les grands seigneurs s'agitent. Les pamphlétaires crient : trahison, aux armes. La convocation des États généraux va précipiter la catastrophe.

On se bat. Péraut voit le danger que court la patrie ; il équipe un régiment d'infanterie ; le 18 février 1628, il met en déroute un bataillon de six cents hommes. En juin, Rohan prend sa revanche, assiège son château de Vezenobre ; les canons d'Anduze et d'Alais ouvrent la brèche ; fin juillet il ne restera plus une pierre debout des vieilles fortifications. La guerre continue ; lorsque Louis XIII vient investir la ville d'Alais, les régiments de Péraut et d'Annibal de Montmorency campent ensemble sur le flanc nord du côteau de Saint-Germain-de-Montaigu. Alais capitule ; la paix est signée (1629).

Le Roi accorde à Henri de Fay-Péraut, fils de Jean, la survivance de la charge de sénéchal de Beaucaire et de Nimes que son père exerce depuis 40 ans (1).

L'influence qu'exerce le cardinal Richelieu sur la politique royale agace les grands. Gaston se révolte et entraîne Montmorency.

Comment la famille Fay aurait-elle refusé au frère du Roi, au Maréchal duc de Montmorency, fils du connétable, son concours dans une lutte qu'ils présentaient comme tendant uniquement au maintien des libertés financières de Languedoc, au retrait des édits du cardinal ? Que risquait-elle en appuyant l'opposition ? Tout le monde sait que les Montmorency se sont parfois révoltés contre le Roi ; ces brouilles se sont terminées par de bons traités pour eux et leur clientèle. Les Fay ne voient pas, malheureusement pour eux, que le cardinal a inauguré un droit politique nouveau.

Montmorency sera décapité ; Claude de Hautefort, décapité ; Henri de Fay, destitué ; son oncle l'évêque d'Uzès,

---

(1) Lettres d'octobre 1630.

déposé et exilé à Avignon où il mourra quelque mois après. Hemery avait inutilement offert à ce prélat 25000 écus pour trahir le parti des révoltés !

Henri de Fay ira se faire tuer à Leucate, à côté d'Annibal de Montmorency (1), heureux de verser ensemble leur sang pour la France, pardonnant même l'homme rouge devenu enfin « bon Français », c'est-à-dire ennemi de l'Espagne qui alors comme l'Angleterre d'aujourd'hui tendait à la domination du monde entier.

Henri de Fay avait épousé en premières noces, en juin 1607, Jeanne Chambon, dite de Saint-Christol parce que son père Sébastien Chambon, époux Madeleine d'Hérail, avait acheté le 3 février 1593 à George de Cambis, baron d'Alais, la seigneurie de Saint-Christol (2).

En secondes noces, il se maria avec Marguerite de Lafare, veuve déjà de Pierre de la Jonquière et de Charles de Cubière de Maubuisson, seigneur de Ribaute (14 décembre 1624).

Du premier lit il avait eu plusieurs enfants :

Madeleine de Fay, mariée à Abel-Antoine de Calvière, seigneur de Boucoiran ;

Jules-César de Fay-Péraut, seigneur de Navacelle ;

Alexandre de Fay, qui fut chevalier de Malte ; Gédéon de Fay ; et enfin Henri de Fay dont nous parlerons bientôt.

Du second lit, nous ne croyons pas qu'il ait eu d'enfant,

(1) Annibal, fils naturel de Montmorency, était donc oncle naturel d'Henri de Fay qui mourut le 22 octobre 1637.

L'inventaire de la succession d'Henri fait par de Fabrique, conseiller au Présidial de Nimes, et le greffier Ménard est du 14 novembre 1637.

Jean de Fay père mourut vers 1631, son testament fut reçu par Galeron, notaire à Beaucaire, le 27 septembre 1630.

Henri laissa à sa veuve une pension de 1500 l.

(2) Sébastien Chambon était fils de Baptiste Chambon et de Claudine Faucon.

Claudine Faucon était fille d'Arnaud Faucon et de Gillette de Joannas.

Sébastien Chambon testa le 22 avril 1621 chez du Thérond, notaire à Alais.

car nous le trouvons au château de Saint-Christol, le 16 septembre 1635, assistant aux fiançailles de Marguerite de Lafare avec le baron d'Avéjean et autorisant sa femme à donner à la fiancée, sa nièce et filleule, 12000 livres (1).

Tant qu'Henri de Fay vécut, les gens de Vezenobre le virent souvent venir ; tantôt il allait à Alais, à Saint-Christol où la liquidation de la succession de son beau-père se faisait assez péniblement, tantôt à Mons qu'habitait Annibal, tantôt à Salindres où étaient les Cambis.

Après sa mort le château de Vezenobre fut un peu délaissé.

Madeleine de Fay habitait Villeneuve-lès-Avignon avec sa fille Isabelle de Calvière de Louga de Boucoiran et son gendre le marquis de Montanègre (2).

Jules habitait Nimes ; en assez mauvais termes avec ses frère et sœur ; s'occupant de littérature ; c'est lui qui fut le premier secrétaire perpétuel de l'Académie de Nimes.

Henri II de Fay, marquis de Péraut et de Vezenobre, se maria avec Spirite de Latude de Ganges, sa cousine (3). Quelques mois après, sa femme se retirait à Ganges chez sa grand'mère paternelle ; pourquoi cette

(1) La fiancée était fille de Jacques de Lafare et d'Helips de Puech de Saint-Martin ; le fiancé Jacques de Banne, baron d'Avéjean et de Fereirolles.

(2) Jean-Baptiste d'Urre, marquis de Montanègre, acheta la place de lieutenant-général de Languedoc au duc de Schombert ; il paya 60000 livres à Suzanne d'Aumale, femme du duc Frédéric de Schombert, le 9 septembre 1677 ; 90000 livres à la même, le 24 septembre 1677; 60000 livres, le 16 septembre 1678 ; 90000 livres, le 24 septembre 1678; 10000 livres pour solde, le 23 décembre 1680 ; mais il avait d'autres créanciers auxquels il essaya de prouver qu'il avait une fortune de 365819 livres ; ceux-ci insistèrent et le marquis fut obligé de vendre sa charge. Le marquis dépensait largement; le mobilier du château de Vezenobre à sa mort est plus important qu'à la mort d'Henri de Fay.

Jean-Baptiste d'Urre, marié le 14 avril 1655, mourut le 7 février 1689, laissant pour légataire universel son neveu Jean-Baptiste d'Urre, fils de J.-B. d'Urre et de Constance de Collas, lieutenant du Roi au Pont-Saint-Esprit.

(3) Les dispenses du Vice-Légat furent fulminées le 8 mars 1675.

séparation ? peu nous importe. Henri resta à Avignon, ne fréquentant plus que le couvent des Célestins ; il y mourut le 12 septembre 1677. Il avait fait en son vivant plusieurs testaments qu'il avait ensuite révoqués ; aussi son frère et sa sœur qui guettaient son héritage s'étaient interdits, dès qu'ils l'avaient su bien malade, d'aller lui rendre visite séparément. Mais Jules, le 11 septembre, apprenant que le marquis était au plus mal, vint seul embrasser son frère une dernière fois, et il envoya un billet au comte de Lasalle-Lafare pour le prier de prendre immédiatement possession en son nom du château de Vezenobre, nonobstant toute disposition testamentaire du *de cujus*. Jules prétendait être devenu seul légitime marquis de Vezenobre et de Pérault en vertu des substitutions contenues dans les testaments de ses ancêtres.

Madeleine et son gendre ne voyaient pas l'affaire de la même façon. Le jour même de la mort d'Henri, ils écrivirent au viguier de Boucoiran, Abel-Antoine de Lagarde, de veiller sur les agissements de Jules et firent porter leur lettre par le jeune Abel-Antoine de Calvière, fils du frère du mari de Madeleine.

Le neveu et Lagarde vinrent donc à Nimes requérir des magistrats de la sénéchaussée l'apposition des scellés qui eut lieu le 15 par les soins de Nouy, garde des sceaux.

Un arrêt du conseil d'État du 8 octobre 1677 approuva cet acte conservatoire et rejeta les conclusions de Jules.

Le 2 novembre, Lagarde et le neveu de Madeleine prièrent le juge-mage de se transporter à Vezenobre pour lever les scellés. Sommation d'assister aux opérations fut signifiée à Jules-César de Fay, à la veuve du *de cujus*, etc., etc.

Le 6 novembre, après huit heures de voyage, le conseiller Nouy arrivait à Vezenobre vers les quatre heures et, laissant sa monture à l'auberge de Lacombe, s'acheminait lestement vers le château. Les grilles en étaient fermées, mais le lieutenant du comte de Roure et les deux gardes reconnurent le magistrat nimois ; c'était lui qui les avait installés le 15 septembre ; la porte s'ouvrit ; avec Nouy pénétrèrent dans la cour un notaire de Villeneuve, Morgier (1), venu pour assister Madeleine de Fay et son gendre, un notaire d'Alais, Jacques Guiraudet, au nom de Jules de Fay, les consuls de Vezenobre, Louis Estienne et Jean Huet, etc., etc.. Après les présentations et les compliments d'usage, la nuit étant venue, et le lendemain étant un dimanche, on se donna rendez-vous au surlendemain.

Dame Chicane n'oublia ni le jour ni l'heure.

Le lundi, Guiraudet commença par dire que son client avait été désagréablement surpris en ne trouvant à Avignon, dans le coffre déposé par le défunt chez les Célestins ni numéraire, ni titres ; si, à Vezenobre, on était aussi malheureux, c'est que Madeleine ou les siens s'étaient introduits dans le château avant même le décès du marquis pour rafler tout...; il fallait bien payer les 310.000 livres, coût de la charge de lieutenant de la province de Languedoc, acquise récemment par le gendre !

Calomnie atroce, raisonnement absurde, répliquait Morgier ; il n'y a que Jules de Fay, toujours à court d'argent, qui ait pu faire un pareil coup ; et probablement les gens venus d'Alais et de Beaucaire pour envahir en son nom le château ont dû découvrir la cachette !... « Il est de notoriété publique que feu le marquis de Pérault avait quantité d'argent monnayé » (2). C'était vite dit. Evidemment Henri de Fay avait en son vivant encaissé beaucoup d'argent ; ainsi c'est lui qui avait reçu les sommes importantes dues aux Fay par ceux de la religion prétendue réformée. Mais combien n'avait-il pas dépensé, achetant toujours des

(1) Père probablement de ce François Morgier qui, avec l'abbé Decharnes, son compatriote, publia *Les nouvelles de l'ordre de la Boisson*. Voir *Mémoires de l'Académie de Nimes*, année 1872, p. 219.

(2) Page 10 de l'inventaire du mobilier existant après sa mort à Vezenobre.

bijoux, de la vaisselle plate (1) ! Et que d'argent aussi en-
glouti par lui dans les procès (2) !

On fouilla la maison de fond en comble ; de temps en
temps surgissaient des incidents, des questions de procédure. De quel droit, par exemple, les officiers du Présidial de Nimes venaient-ils faire ici un inventaire, malgré
les protestations du juge d'appeaux de la Comté d'Alais ?

Le château a l'air d'être rarement habité ; le mobilier
est fané ; les tapisseries, représentant des chasses ou des
personnages, peu nombreuses ; sur un lit de repos, garni
en maroquin du Levant, traine un joli tapis de soie brodé
à l'aiguille, où il y a les douze signes du zodiaque. Mais
quelle abondance de sacs... de parchemins (3) ! On en

(1) Voir achat du 17 octobre 1672, 102 marcs 6 onces à 30 livres
le marc... 3.108 l.   3 s. 6 d.
65 marcs 4 onces 6 grains à 31 l. 8 s, le marc... 2,056 l. 14 s.

5.164 l. 17 s.
dont il faut déduire 114 l. 15 s. pour vieille vaisselle d'argent à 28 l.
le marc.

(2) Procès avec Souveraine de Latude, veuve Antoine de Loriol ;
transaction du 25 avril 1658 reçue d'Estienne, notaire ; procès pour
le péage de Beaucaire, etc., etc.

On remarquera la transformation du nom de la famille de Fay.
On les appelle maintenant Fayn. C'est aux érudits ardéchois à découvrir les motifs de ce changement. Le nom primitif était certainement Fay, de *fayard* ou *hêtre*,

Fay, Péraut, Joannas sont des villages de l'Ardèche, berceau de
la famille Fay.

(3) Acte de 1272, en latin, concernant la terre de Blauzac.
Assise de la terre de Vezenobre en 1295 et 1305.
Division des baronnies de Vezenobre, d'Aigremont et de Boucoi-
ran du 9 avril 1317.
Estimation de la baronnie de Vezenobre en date du 27 juillet 1322.
Hommage de Bérenger d'Uzès du 4 mars 1352.
Hommage de Marguerite des Baux du 27 septembre 1400.
Hommage de Blanche d'Uzès du 8 décembre 1408.
Nouvel achalpt par Hugues de Laudun, seigneur de Montfaucon,
d'Uzès et de Vezenobre, 14 décembre 1462.
Mariage de François de Fay avec Alix de Solignac, 1393.
Testament de François de Fay, 1402.
Mariage de... Fay avec Isabeau des Crottes, 1435.

trouve dans chaque pièce ; aussi le juge, le greffier et les parties se contentent de mettre dans leur procès-verbal :

Mariage de Guillaume de Fay avec Antoinette de Tournon, 1446.

Mariage d'Hector de Fay avec Catherine de Saint-Marcel, du 9 juillet 1476.

Testament d'Hector de Fay, seigneur de Peraut, à Annonay, en 1506.

Mariage de Noë de Fay et de Françoise de Saint-Gelais, du 10 juin 1518, Guyot notaire.

Mariage d'Antoine de Fay et de Françoise de Labaume du 22 septembre 1540, Bastide notaire.

Transaction entre le dit Antoine de Fay et sa femme d'une part, et Jean de Fay, seigneur de Terron (1561).

Testament de Françoise de Labaume, dame de Vezenobre, du 12 novembre 1586.

Mariage de Jean de Fay avec Marie de Montmorency, 7 mars 1576, Soulier notaire.

Transaction entre Jean de Fay et René d'Hautefort du 24 juin 1604.

Testament de Jean de Fay du 4 novembre 1626, Deleuze notaire.

Testament de Jean de Fay du 27 septembre 1630, Galeron, notaire à Beaucaire.

Achat par Henri de Fay, à noble Guillaume de Calvière, de certains biens sis à Vezenobre, 24 décembre 1629, sous-seing privé.

Mariage d'Henri de Fay et de Jeanne de Chambon de juin 1607.

Testament d'Henri de Fay du 8 octobre 1637.

Inventaire après la mort d'Henri de Fay, fils de Jean, du 14 novembre 1637, par les officiers du présidial de Nimes.

Testament d'Henri de Fay du 22 octobre 1660, Donzel notaire.

Vérification des titres de noblesse d'Henri, Jules et Gédéon de Fay, frères, par l'Intendant de Bezons, 5 juillet 1669.

Mariage de Sébastien Chambon et de Madeleine d'Hérail du 23 novembre 1586.

Testament de Sébastien Chambon du 22 avril 1621 ; sa publication en 1625.

Testament de Madeleine d'Hérail du 4 avril 1627, Devèze notaire.

Testament de Claudine de Chambon du 2 septembre 1637.

Mariage de Guillaume de Labaume avec Catherine d'Albaron, du 19 septembre 1524, Bernard, notaire à Avignon.

Exposition pour Françoise de Labaume, dame de Vezenobre, du 27 octobre 1564 ; son testament de 1586.

Procès de Françoise de Labaume contre Françoise de Joannas.

Mariage de Jean de Labaume et de Jeanne de Joannas du 8 juin

« Sac intitulé Mariages de la Maison de Vezenobre dans lequel ont été trouvés vingt rouleaux en parchemin qui sont les mariages des anciens seigneurs de Vezenobre, et dix actes vieux écrits en papier, qui sont d'autres mariages des anciens seigneurs. » (1)

Dans la bibliothèque quelques volumes. (2)

1528.

Testament de Jean de Labaume, seigneur de Joannas, du 17 juillet 1533.

Testament et codicille de Jeanne de Joannas, septembre 1531.

Mariage de Claude de Montfaucon avec Anne d'Ussel, 1469.

Testament de Claude de Montfaucon du 10 mars 1489.

Testament de Françoise de Montfaucon du 12 octobre 1594, reçu André de Fague, notaire à Vezenobre.

Mariage de Françoise de Montfaucon avec Pons de Joannas, du 4 mai 1514.

Contrat entre Françoise de Montfaucon et la famille de son premier mari, de 1532.

Transaction entre Jean de Fay et le seigneur de Lussan.

Transaction entre Peraut et de Rentières, 1646-1673.

Arrêt du grand conseil entre le prieur de Navacelle et le seigneur de Lussan, du 17 mai 1674.

(1) Page 64 de l'inventaire.

(2) *Traductions de Plutarque, de Sénèque.* — *Traduction de Tacite*, par d'Ablancourt. — *Histoire de la Chine.* — *Roman de la Précieuse* (ou *Le mystère de la ruelle*), par l'abbé de Pure. — *La Géomance*, de Jean de la Taille, in-4°. — *Œuvres de Machiavel*, in-4°, en italien.

Lorsqu'en mars 1689 on fit l'inventaire des meubles délaissés par de Montanègre, à Vezenobre, la bibliothèque était plus riche, surtout en ouvrages pieux :

La Sainte Bible, en latin, 8 volumes in-8°, Paris, Antoine Vitré, reliés en veau. — *Nouveau Testament*, en latin, 2 volumes in-8°, avec des notes, impression de Paris, même reliure. — *L'Office de la Semaine sainte*, reliure en maroquin noir avec filets d'or. — *Psautier de David*, avec les notes des Pères, à tranches fil d'or. — *Vie du bienheureux Grégoire Lopez*, par Franç. Loséa, in-4°, reliure en veau. — *Règles chrétiennes pour la conduite....*, in-4°, en veau. — *Le Pédagogue des familles chrétiennes.* — *Vrais entretiens spirituels*, de saint François de Sales. — *Règle de la vie spirituelle*, de Blosieux. — *La dévotion journalière.* — *Pensées de Pascal*, in-4°. — *Montaigne.* — *Lettre d'un ecclésiastique à quelques personnes de la R. P. R.* — *Instruction contre le schisme*

IV

Jules César de Fay, marquis de Peraut, Maréchal de camp aux armées du roi, épousa en 1680 Jeanne-Marie de Muas ; il n'en eut qu'une fille mineure, Jeanne-Marie de Fay, au nom de laquelle on attaqua l'abandon fait par lui au profit de Madeleine de Fay de tous ses droits sur la seigneurie de Vezenobre.

Madeleine, ayant perdu sa fille et son gendre, institua pour légataire universel celui à qui son mari avait déjà donné la seigneurie de Boucoiran. (1)

des *prétendus réformés.* — *Préjugés légitimes contre les Calvinistes.* — *Œuvres diverses de Despréaux.* — *Commentaire, en vers français, sur l'école de Salerne.* — *Traité nouveau et curieux du café.*

Les tableaux aussi sont plus nombreux :

Un grand Christ en étain. — Portraits du roi, en cadre doré ovale ; de Turenne ; de Gontaud, gouverneur de Versailles. — Tableau du roi à cheval. — Portrait de feue Madame la marquise de Montanègre. — La vierge tenant le petit Jésus dans son sein (*sic*). — *Ecce Homo.* — Le Christ au sépulchre. — La Madeleine. — Saint François. — La Sainte Famille. — Le Prince d'Orange. — La douairière de Brandebourg. — 10 paysages à cadre doré, — 4 tableaux de marine.

N'oublions pas les tapisseries :

Huit pièces de tapisserie de Flandre, fort vieilles, représentant l'histoire de Peaumos ? — Huit pièces de tapisserie de Flandre, fort vieilles, représentant l'histoire d'Andromède. — Neuf pièces de tapisserie d'Auvergne représentant des chasses fort vieilles. — Neuf pièces de tapisserie d'Auvergne représentant une noce de village. — Dix casaques de gardes du défunt lorsqu'il était lieutenant-général, en drap rouge doublé de serge jaune, galons soie et argent.

(1) La seigneurie de Boucoiran fut acquise le 26 novembre 1566 de Jacques de Bouzène par Robert de Calvière, époux Claudine de Leuga.

Guillaume de Calvière, fils de Robert, épousa en 1591 Barrière Isabelle et fut père : 1° d'Abel-Antoine Calvière, en son vivant baron de Boucoiran, époux Madeleine de Fay, et 2° de Louis Calvière, père d'Abel-Antoine de Calvière qui épousa Mⁱˡᵉ de Ségla.

Abel-Antoine de Calvière, fils de Louis de Calvière, porta dès lors les titres de marquis de Vezenobre et de baron de Boucoiran (1690).

Il s'était marié avec Isabelle-Gabrielle de Ségla en 1671 (1), et en eut plusieurs enfants :

Calvière Joseph, tué à Turin le 7 septembre 1706 ;

Calvière Henri, tué à Turin ;

Calvière Jean, né en 1683, tué à Dettingen en 1743 ;

Calvière Joseph, dit l'abbé de Boucoiran, nommé abbé d'Auxerre en 1743 ;

Calvière Marie-Anne, mariée en 1702 avec Joseph Roux, seigneur de Navacelle, dont naquit Roux Jean-Louis ;

Et enfin Calvière Alphonse, marié en 1716 avec Durand de Pontaujard, mort en 1735, qui n'eut qu'une fille, Françoise-Olympe de Calvière-Boucoiran.

Celle-ci épousa Charles-François de Calvière, son cousin au cinquième degré, en novembre 1733. (2)

Charles-François de Calvière, marquis de Calvière et de Vezenobre, perdit sa femme vers la fin de 1757 (3) ; il en avait eu un fils Charles-Joseph de Calvière, et quatre filles.

L'une de ces filles, Marie-Eléonore-Olympe de Calvière,

(1) Isabelle-Gabrielle de Ségla, fille du baron de Ribaute et de Suzanne Amalric.

(2) Guillaume Calvière, seigneur de Saint-Cézaire-de-Gauzignan, épousa Isabeau de Daffis ; il eut Pierre de Calvière, viguier de Nîmes, époux en 1604 d'Hélips de Terron, mort en 1640.

Pierre engendra Antoine de Calvière, seigneur de Saint-Cézaire-de-Gauzignan, époux Marthe de la Roche en 1656. Voir sur Antoine, *Mémoires de l'Académie de Nîmes*, année 1872.

Antoine engendra Claude-Charles de Calvière, marié le 22 janvier 1701 avec Antoinette d'Albon, fille de Gaspard d'Albon, sœur du prince d'Yvetot.

Claude-Charles engendra Charles-François de Calvière qui fut lieutenant général des armées du roi.

(3) Testament chez Poncet, notaire à Avignon, le 26 mai 1757, par lequel elle lègue l'usufruit de tous ses biens à son mari.

épousa, le 19 octobre 1757, Jacques-Marcelin-Denis de Bérard, vicomte d'Alais, fils de Jean-Scipion Bérard de Montalet et de Marie-Louise de Pérussis. La future reçut une dot de 133000 livres, à savoir : de son père, 90000 livres ; de sa mère, 26000 livres ; de sa tante la marquise d'Agout 10000 l., outre une corbeille de 7000 livres. (1)

Le fils Charles-Joseph épousa, le 15 octobre 1770, Elisabeth-Agathe-Marianne de Valette, fille de François de Valette, écuyer, et de Marianne de Fayantine du Vigan.

Par contrat de mariage son père lui donna tous ses biens en nue-propriété, se réservant une somme de 200000 livres pour constituer ou compléter la dot de ses filles, etc., etc.

Le 2e fille épouse M. de Mandajors

A la mort de son père, Charles-Joseph ajouta au titre de comte de Calvière celui de marquis de Vezenobre (1777).

Charles-Joseph eut deux enfants : de Calvière Jacques-Alexis, qui fut marquis de Calvière et de Vezenobre, et de Calvière Alix-Marie-Geneviève, qui épousa Jacques-René-Hippolyte de Pierre de Bernis, demeurant à Lunel.

Nous étudierons une autre fois les familles nobles de Vezenobre, les viguiers et les prieurs pendant la même

---

(1) Voici les personnes qui assistèrent à ce mariage :

Philippe-Alphonse de Calvière, prieur de Saint-André-de-Roquepertuis ; l'abbesse d'Alais, née d'Avejean ; l'abbé de Perussis, oncle du futur ; l'abbé Joseph de Calvière, dit l'abbé de Boucoiran, grand-oncle de la future ; la marquise de Lafare ; le marquis et la marquise de Villevieille ; le marquis de Perussis ; le marquis de Brissac ; Amat de Forbin ; le duc de Crillon ; la comtesse de Montrozier ; Mme de Vaucluse ; Mme d'Orsan ; le comte de Cambis ; M. et Mme de Caumont ; Mme de Montboissier-Caumont ; Mme de Fortia de Montréal ; M. de Montréal ; Mme de Boucoiran de Roux ; Mme de Boucoiran de Blacon ; Madeleine de Roux, fille de Joseph de Roux, seigneur de Navacelle, et de Marie-Anne de Calvière, femme de Charles-Xavier Ribeirol d'Entremeaux ; la vicomtesse de Thézan ; M. et Mme de Villeneuve de Roux ; M. et Mme la marquise de Broissia, et le comte d'Albon, prince d'Yvetot.

période ; peut-être arriverons-nous ainsi à combler les lacunes de cette notice (1).

(1) Nous disons *peut-être* ; en voici une preuve. D'où venaient les Calvière ?

Le viguier de Vézenobre en 1470 est Gervais de Nidis, notaire à Nimes ; son fils Jean de Nidis, que nous avons vu viguier dès 1485, se maria le 6 juin 1484 avec Philippa Astier, fille de Jean Astier de Vallabrègues. Jean eut un fils Robert de Nidis qui fut prévôt de la cathédrale de Marseille, abbé commendataire de Valsainte et testa chez Jean de Costa à Nimes le 16 septembre 1524. Dans ce testament il laisse tous ses biens de Nimes à son cousin Jacques Roques, licencié en droits, et tous ses biens de Vézenobre à son cousin Jean Viger, hôte à l'enseigne de Sainte-Marthe, faubourg des Prêcheurs à Nimes, mais il fait des legs particuliers à des Calvière, ses cousins.

En effet Gervais de Nidis avait eu une fille Marguerite qui épousa Calvière Antoine de Montfrin et en eut trois enfants :

Calvière Antoine, époux Andron Catherine ; sa femme était donc sœur de Jacques Andron, sieur de Marguerittes, et de Louis Andron, époux Marguerite de Villages, contrôleur du domaine du roi en 1516 ; Calvière Jeanne, mariée au juge royal d'Uzès, veuve dès 1523 ; et Calvière Raymond de Montfrin.

La descendance de ce Calvière Raymond est trop connue pour insister.

En 1512, Jean Roque, fils de Jacques, seigneur de Clausonne, parle de son beau-frère Guillaume de Calvière.

La maison qu'habitaient les Calvière à Montfrin au XVI⁰ siècle existe encore ; il ne faut pas la confondre avec le château de Montfrin.

Nimes. — Typ. F. Chastanier, 12, Rue Pradier.